MW01453532

MACSOLIS

PEPÓN

EDITORIAL JUVENTUD - BARCELONA

Este pueblecito se llama Villaluz.
Es de noche;
el cielo despejado
muestra miles de estrellas.
La carretera silenciosa cruza la aldea
y, bajo el puente,
el arroyo habla con las piedras.

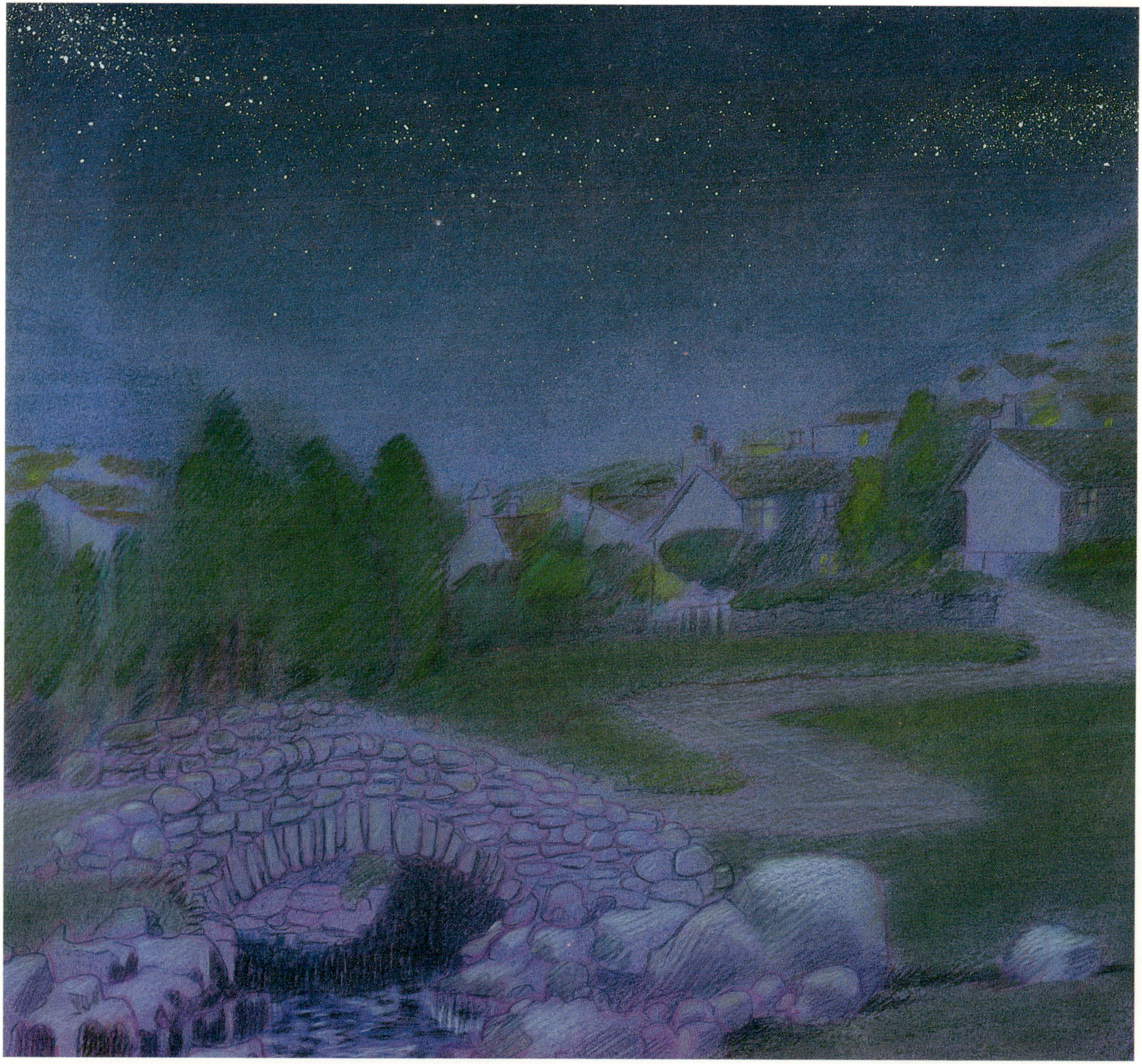

Llega Pepón.
Es un caminante solitario
que rueda por las calles
buscando por los rincones...
¿Qué busca?

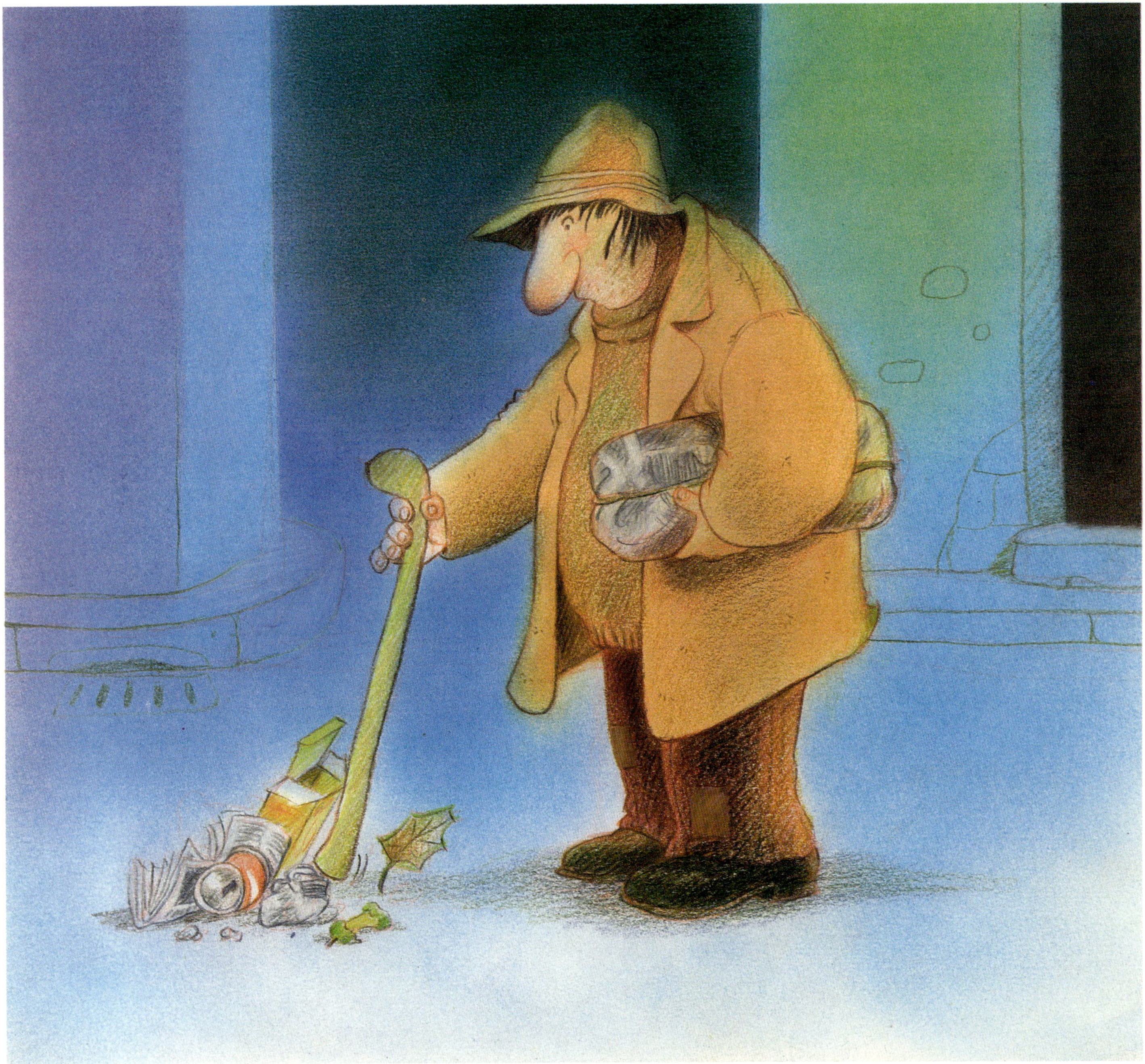

Todo el pueblo es su casa
y cualquier banco es su cama.
Echado contempla bien las estrellas,
y hay una muy especial
que centellea con su luz blanca
en la noche. Esa es la estrella
con la que Pepón sueña.

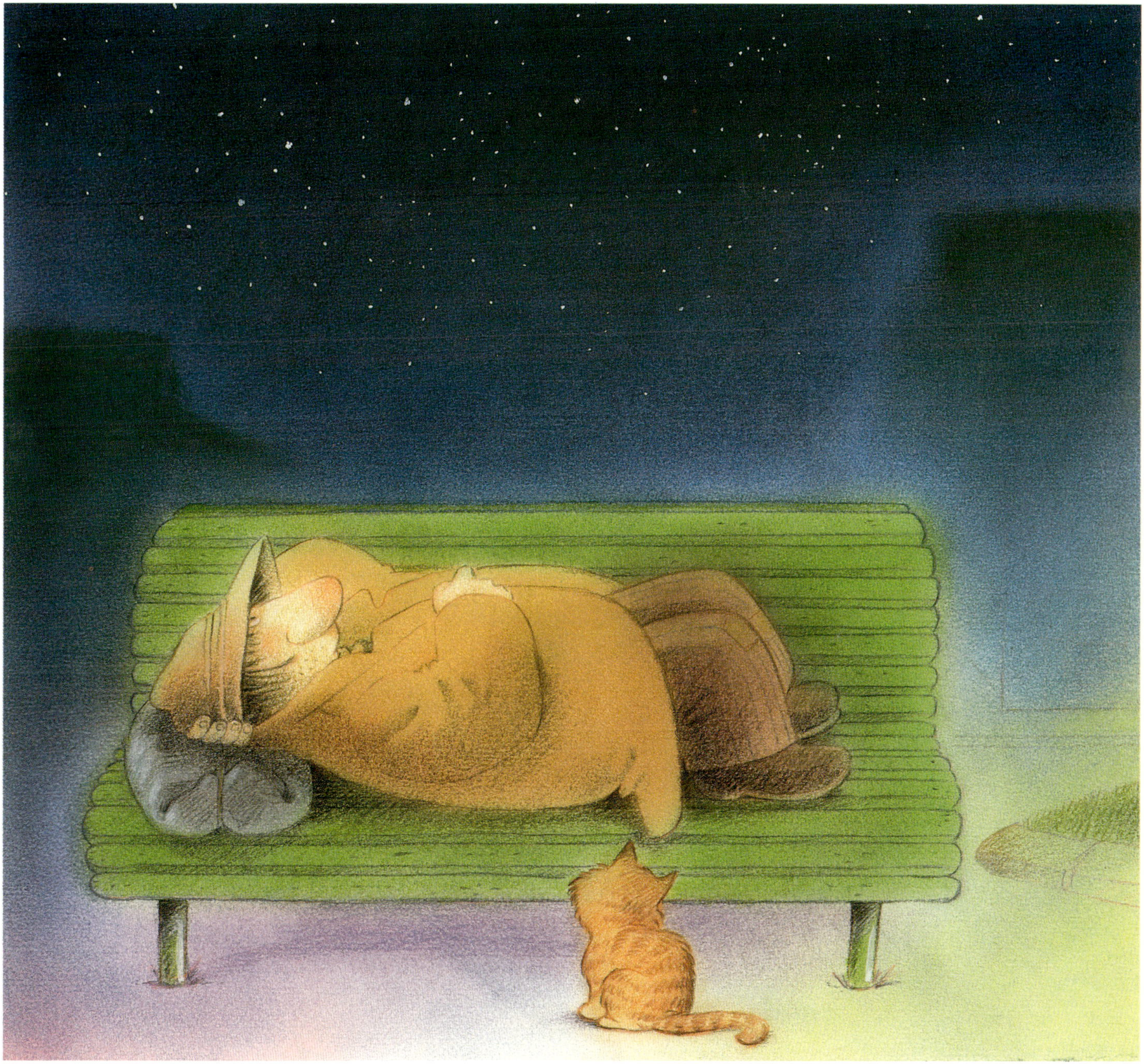

Ve las estrellas de diferentes colores
y tamaños y cree que son
mensajeras de paz y felicidad,
y que son corazones suspendidos
en el cielo que nos envían amor
en forma de centelleos.

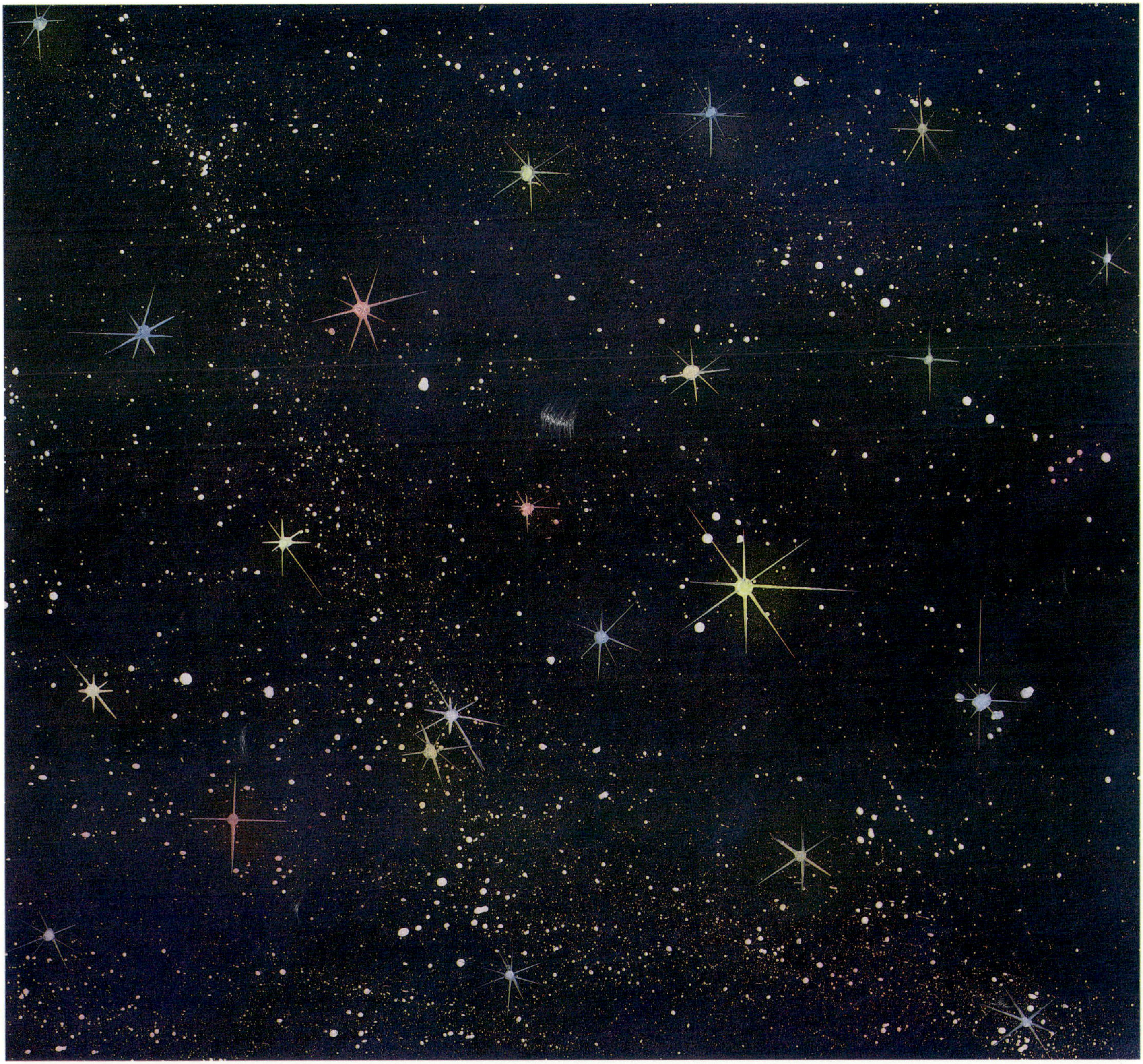

«...Si la noche
me regalase una estrella,
yo sería la persona más feliz
del mundo...», pensaba.

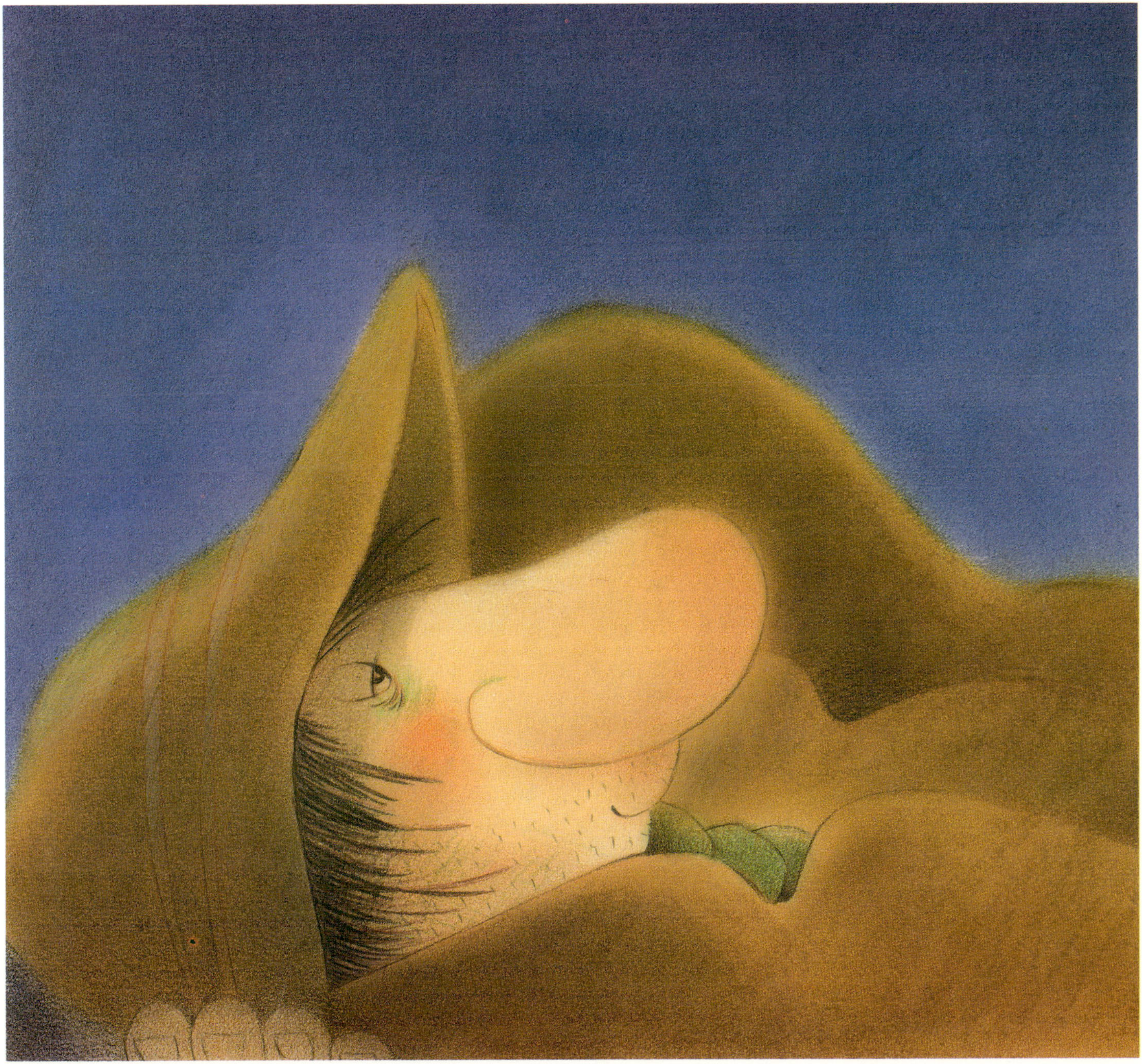

Hubo un dulce zumbido
de algo que caía del cielo.

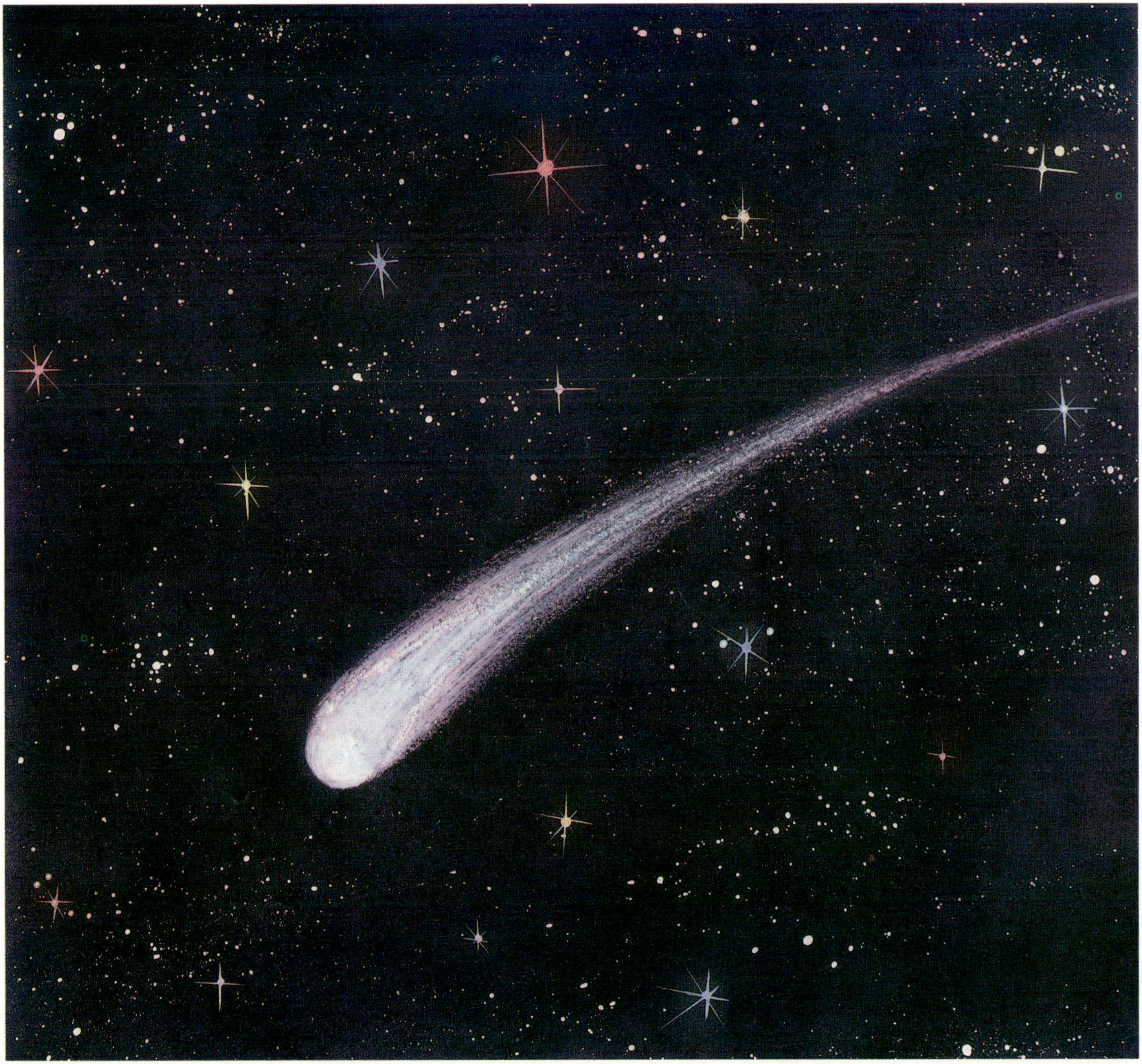

¡Era una estrella!
Pepón la tomó en sus manos
y la miró asombrado.
¡Todo el universo estaba en ella
y traía un mensaje urgente!

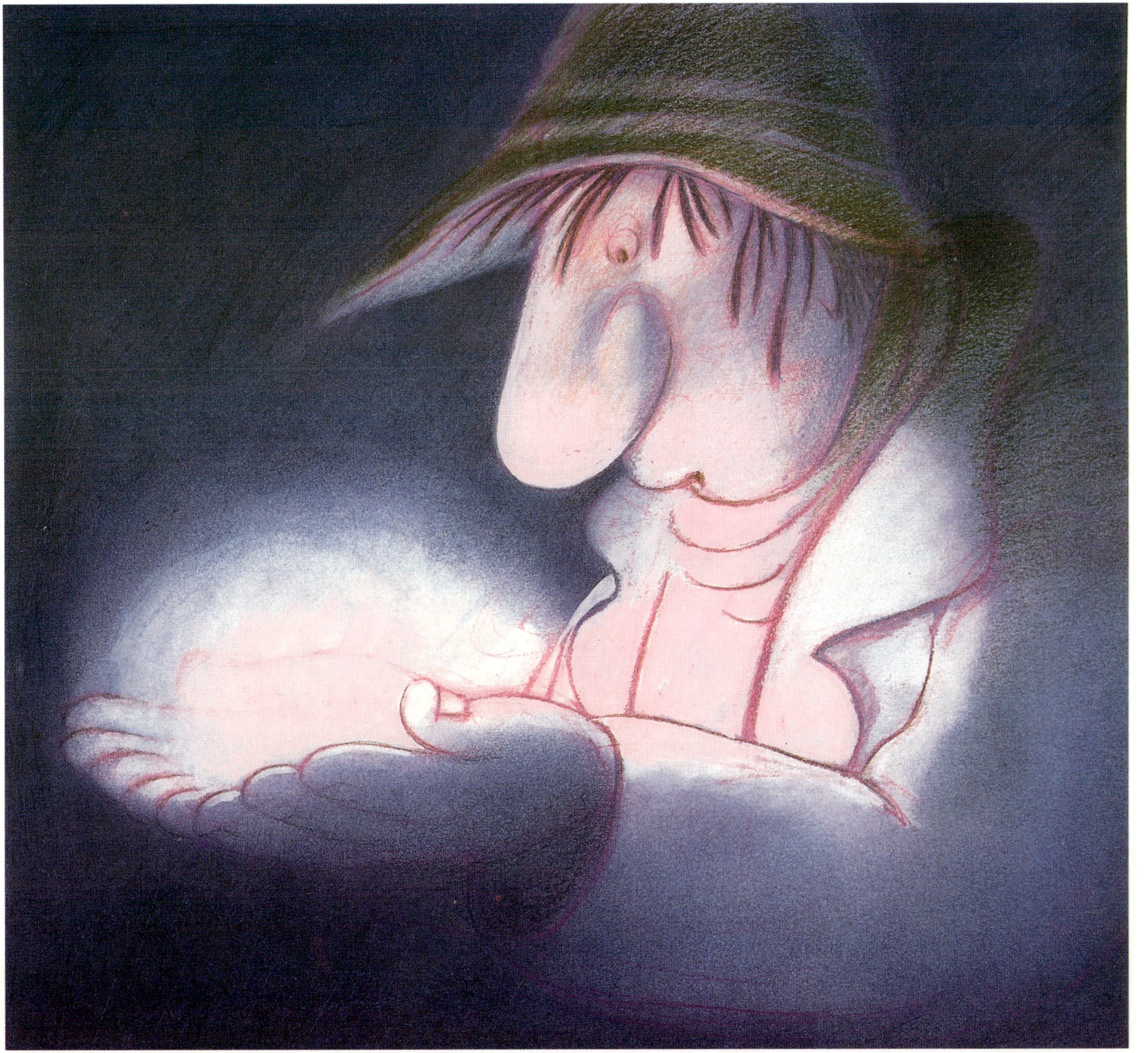

Una inmensa paz y felicidad
le invadió, y salió corriendo
a mostrar su estrella
a toda la gente del pueblo.

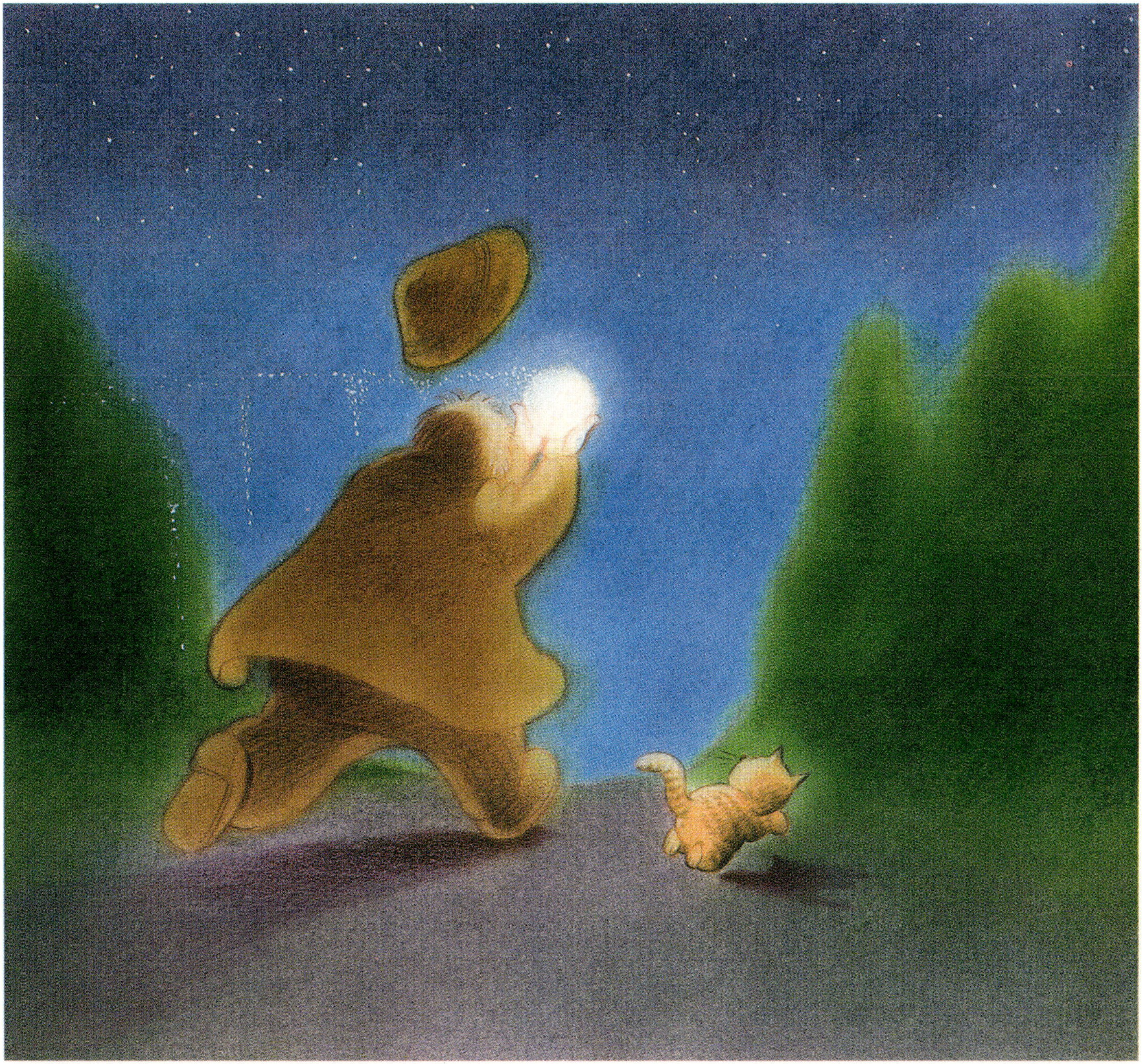

«¡Eh! ¡Venid! ¡Mirad lo que me han dado,
ved lo que la noche me ha regalado!
¡Una estrella blanca del cielo!
Lo que yo tanto había soñado.
¡Mirad qué bonita es!
¡Observad cómo brilla!
¡Ojalá la noche nos diera
una estrella a cada uno
con mensajes de paz y amor
y la luz que ilumina al mundo!»

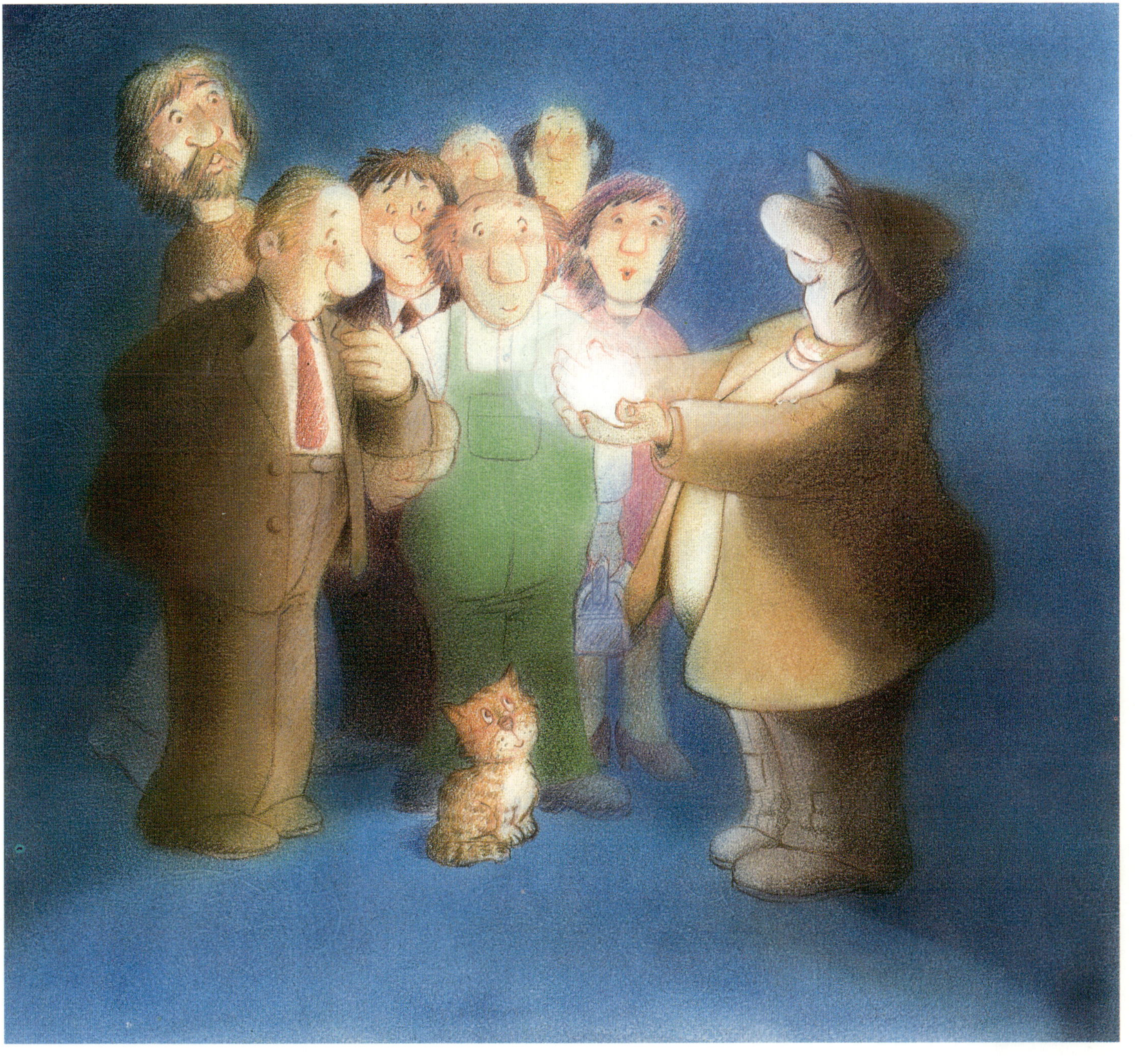

Tan pronto como dijo esto,
la noche atendió su deseo
y del cielo cayó
una lluvia de estrellas.
Todos estaban muy contentos.
Reían y bailaban y...

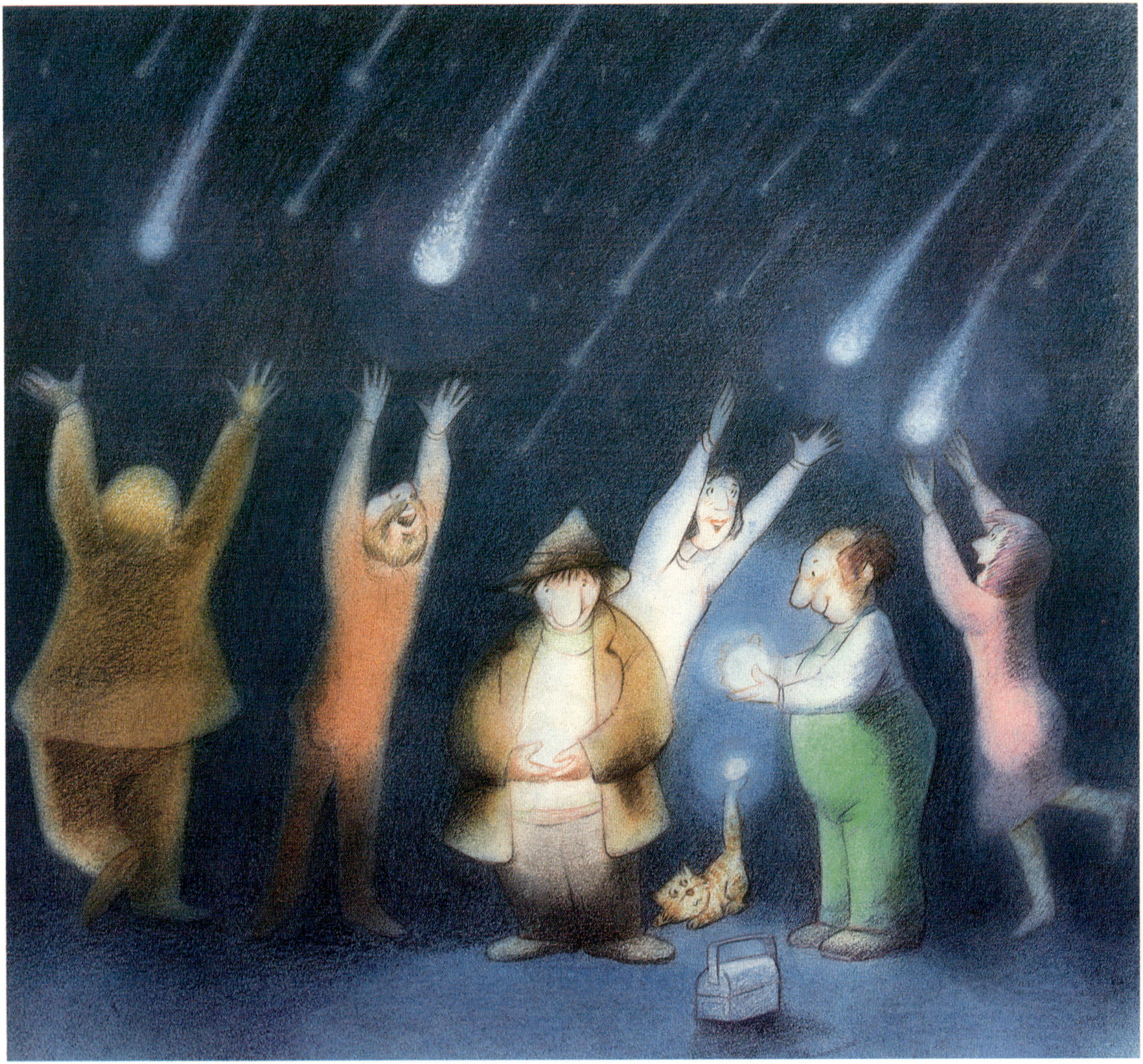

Pepón despertó:
todo había sido un sueño...

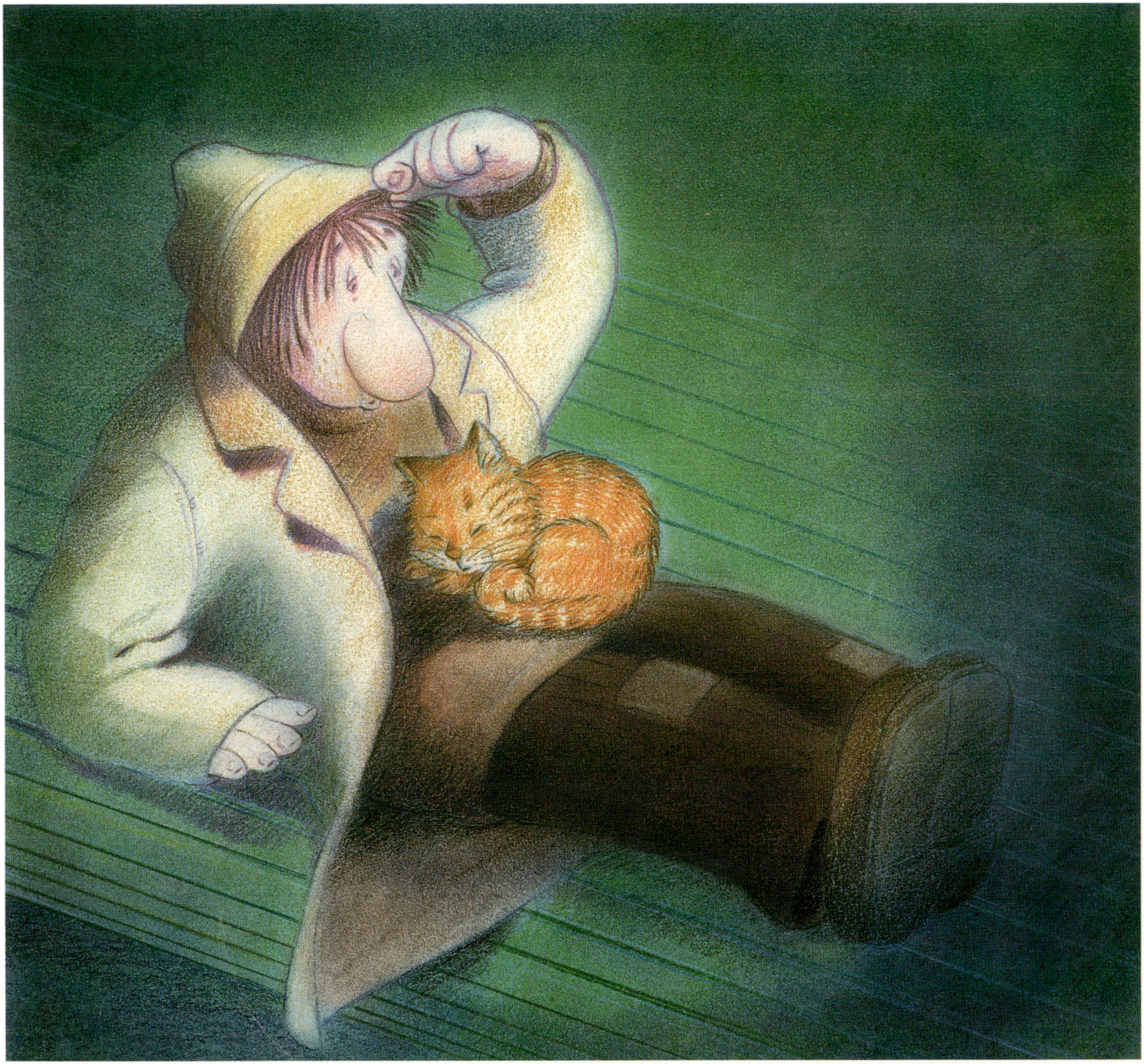

Aquel sueño le ha desvelado.
Mirando al cielo busca su estrella
y no la encuentra. Se levanta
y decide continuar durmiendo
en el banco del centro del parque,
que es su banco preferido.

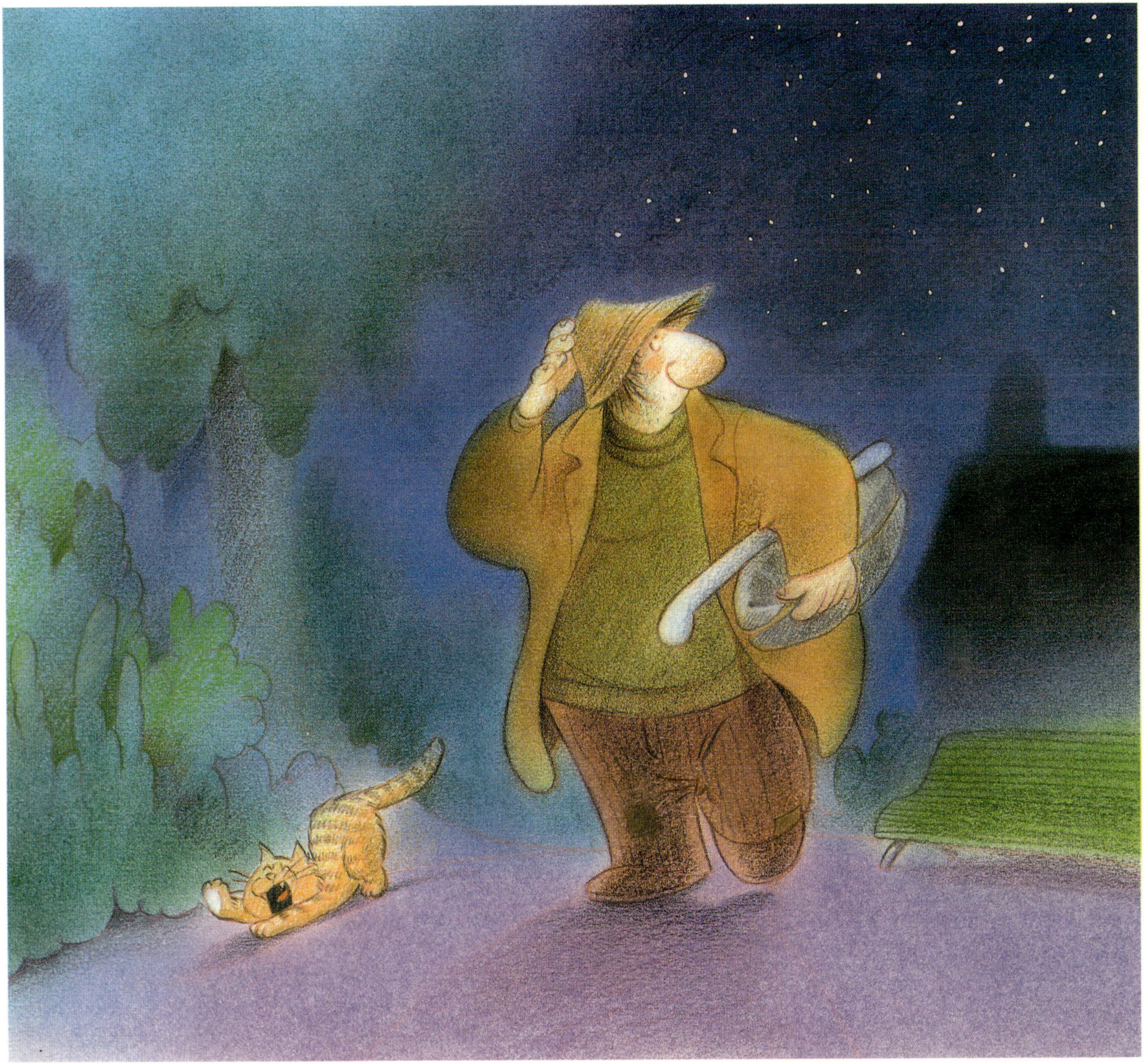

Triste camina Pepón,
sin su estrella, sin ilusión, sin sueños...
Mientra se va acercando al banco
observa algo que brilla
entre los matorrales.
Pero, ¿qué es esto que reluce
llamando su atención?

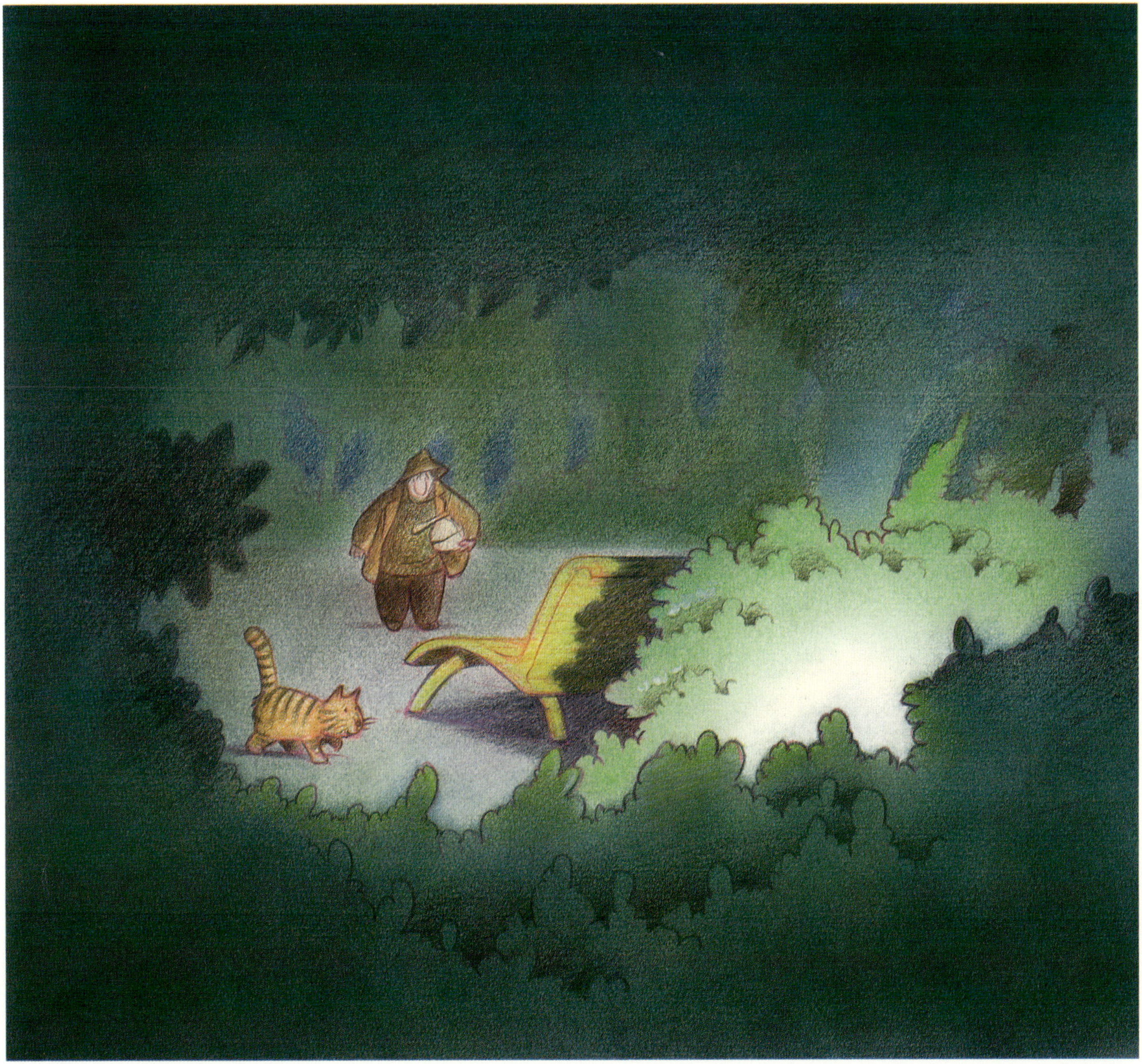

Se acerca y... ¡Esta vez sí!
Esta vez sí que es la estrella
caída del cielo.
¡Es la estrella solitaria
y trae un mensaje de amor,
y no está soñando;
está bien despierto Pepón!

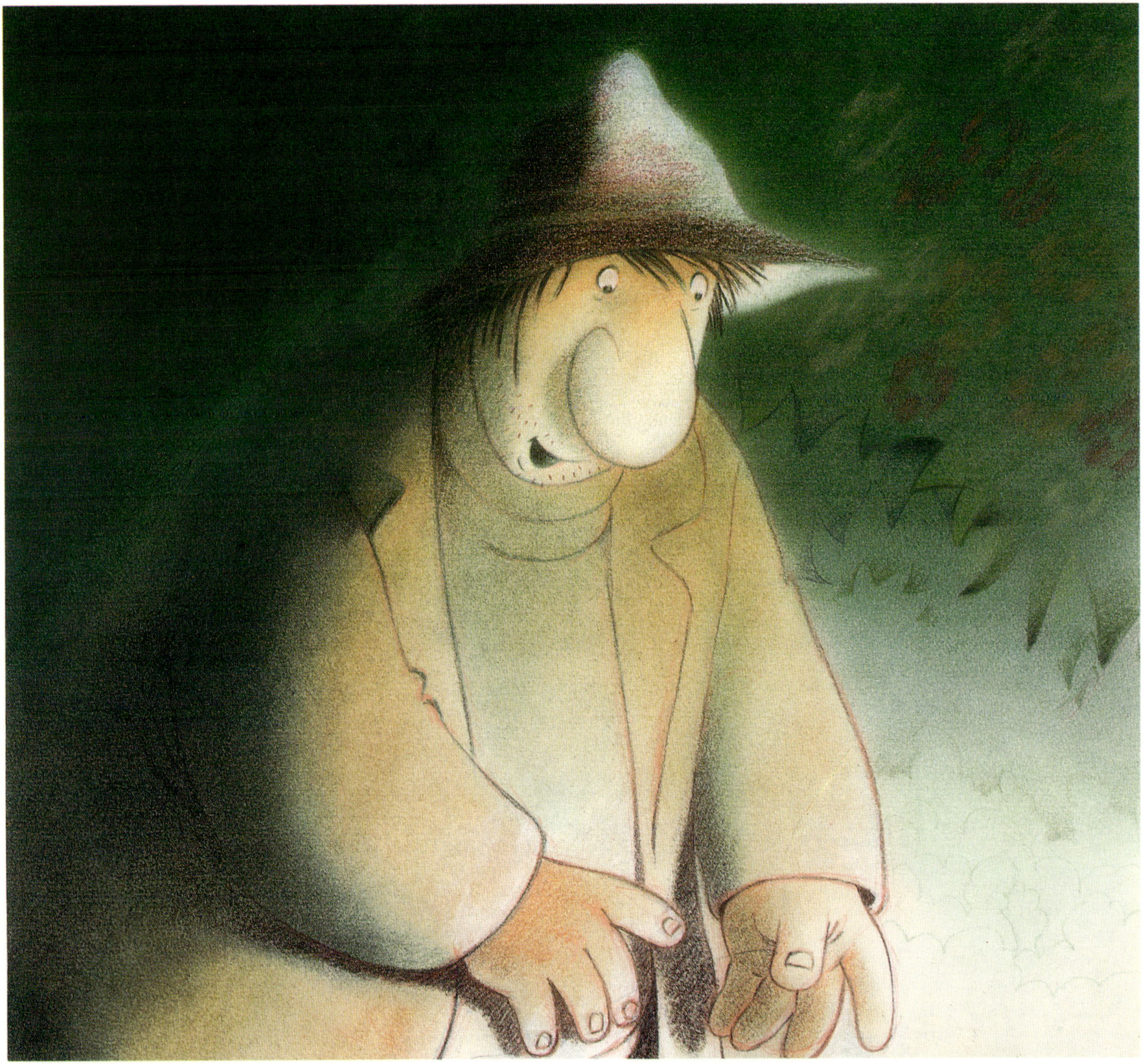

Echa a correr hacia el pueblo gritando:
«¡Esta vez sí! ¡Esta vez sí!»

¡Date prisa, Pepón!
Diles que trae un mensaje para todos,
diles que en las calles llueve amor...

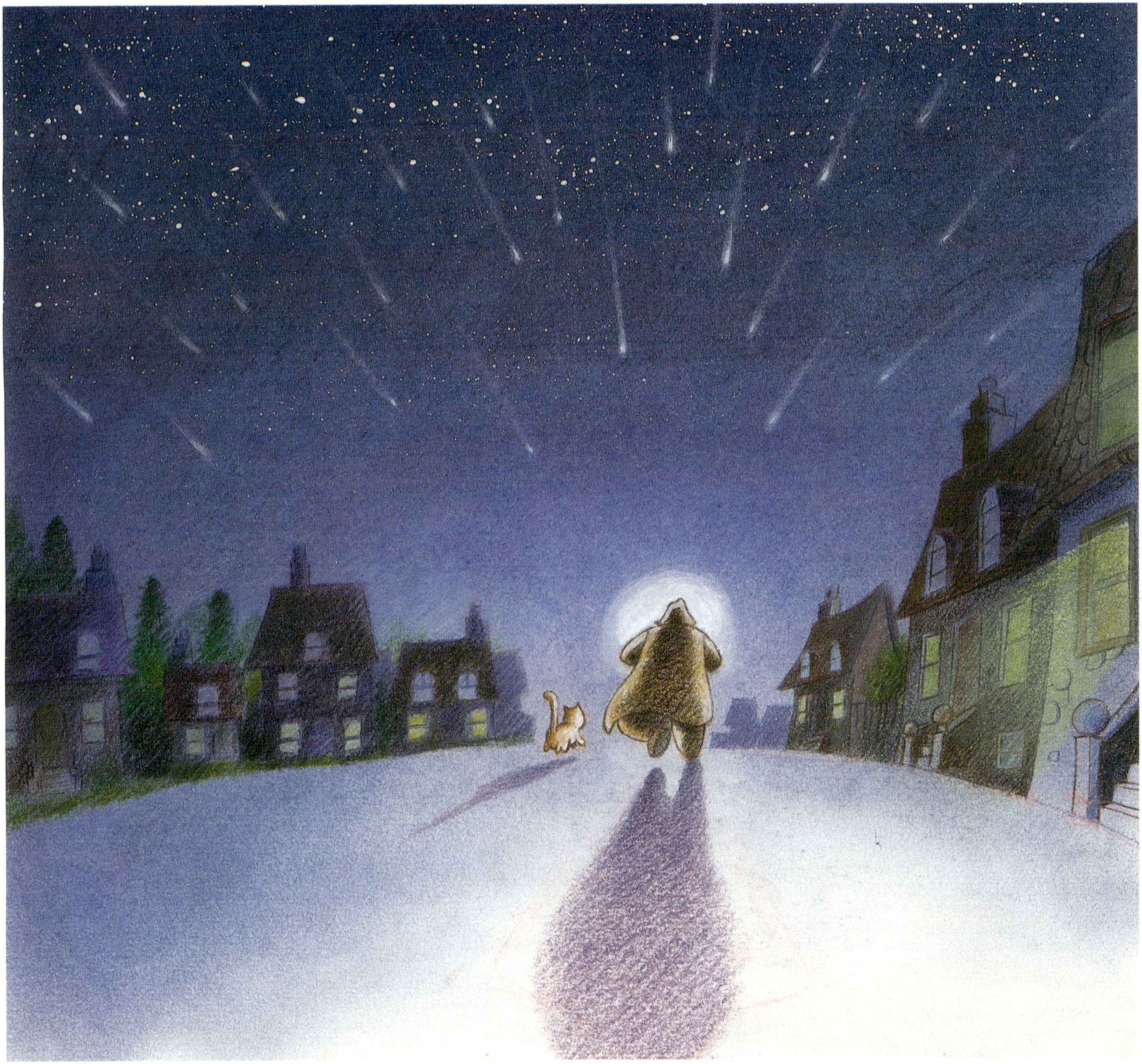

No se permite la reproducción total o parcial de este libro, ni su introducción en un sistema informático, ni su transmisión en cualquier forma o por cualquier medio, ya sea electrónico, mecánico, por fotocopia, por registro o por otros métodos, sin el permiso previo y por escrito de los titulares del copyright.

© Macsolis, 1987
 Editorial Juventud, Barcelona (España), 1987
Primera edición, 1987
Depósito Legal, B.17.749-1987
ISBN 84-261-2272-8
Núm. de edición de E.J.: 8.606
Impreso en España - Printed in Spain.
T. G. HOSTENCH, S.A. - Córcega, 231-233 - 08036 BARCELONA